35

U0874609

供电企业生产技能人员标准化作业培训教材

输电线路杆塔接地电阻测量

福建省电力有限公司　组编

输变电

中国电力出版社
CHINA ELECTRIC POWER PRESS

内容提要

本册书是按照《供电企业生产技能人员标准化作业培训教材》体系的要求，结合生产实际编写而成。本册书主要介绍输电线路杆塔接地电阻测量工作程序及相关安全注意事项等。通过对工艺流程及作业案例的介绍，使读者熟悉和掌握作业前的准备工作、作业中的危险点预控、工艺标准和质量要求等内容。

本册书作者都是长期从事电力生产一线的员工，有较为丰富的现场实际经验，所列举的案例也是实际生产过程中所发生的，针对作业现场实际，可操作性强。本册书可用于从事输电线路运维与检修人员的培训教学用书，也可作为电力职业院校教学参考用书。

图书在版编目（CIP）数据

供电企业生产技能人员标准化作业培训教材．输变电/福建省电力有限公司组编．—北京：中国电力出版社，2012.12

ISBN 978-7-5123-3810-4

Ⅰ．①供…　Ⅱ．①福…　Ⅲ．①供电－工业企业管理－标准化管理－中国－技术培训－教材　②输电－电力系统－技术培训－教材　③变电所－电力系统－技术培训－教材　Ⅳ．①F426.61

中国版本图书馆 CIP 数据核字（2012）第 287838 号

中国电力出版社出版、发行
（北京市东城区北京站西街 19 号　100005　http://www.cepp.sgcc.com.cn）
北京九天众诚印刷有限公司印刷
各地新华书店经售

*

2013 年 1 月第一版　　2013 年 1 月北京第一次印刷
787 毫米×1092 毫米　16 开本　84 印张　1766 千字
全册定价 **232.00** 元

编　委　会

编　写　组

主　　编　李功新

副 主 编　叶继宏　金昌榕　陈大凤　张　荣

编写组组长　林　平

成　　员（按姓氏笔画排序）

王全兴　王恒山　叶立群　叶色亮　朱　菁

庄　严　庄沪生　刘志平　严有祥　李　春

李　超　李勇明　李积捷　李萌峰　杨文陵

杨志豪　杨建平　杨毓庆　连鸿松　肖颂勇

吴　达　吴志成　吴奇宝　吴辉煌　吴籗麟

邱振敏　沈明松　沈谢林　张绍明　陈　影

陈艺鑫　陈日坤　陈祥舒　陈朝晖　陈德兴
林　衡　林一泓　林志敏　林志强　林轶群
林海渊　欧世尧　欧永连　罗　松　罗　毅
金建宁　郑哲人　郑雄俊　郑黎斐　赵道阳
施　纬　施广宇　洪西卿　钱志立　翁晓锋
涂恩来　黄　亮　黄国敏　董　磊　傅智为
潘晨曦

前言

preface

为了更好地服务“五大”体系建设，提升生产技能人员良好的“职业化”行为习惯，建立与现场标准化作业生产环境一致的培训课程体系，福建省电力有限公司以现场标准化作业指导书为蓝本，组织开展生产技能标准化作业培训教材的编写工作。为确保教材的编写质量和进度，由总工程师李功新主抓此项工作，多次召集工作协调会，定期听取编写进度汇报；人力资源部负责教材编写的组织工作，运维检修部、科技信通部和调度控制中心负责教材编写的具体工作，福建省电力有限公司和基层单位技术专家组成教材编写与审定小组，公司培训中心负责教材编写框架和编写规范的制订、编写进度跟踪及其他协调工作。

本套教材集中了福建省电力有限公司众多专家学者的智慧，采用了全新的组织架构，突出了基于现场标准化作业的培训特色。本套教材分为配电专业、输变电专业和二次专业三本书，包括91项现场标准化作业项目（子分册），具有很强的针对性和实用性。各项目（子分册）分为两部分：第一部分介绍了各项目的工作流程、工作质量标准与控制、危险点分析与预控、管理与记录要求、作业案例等；第二部分罗列了标准化作业指导书等标准化作业文本，并结合第一部分的作业案例说明了标准化文本的填写规范。部分项目（子分册）还在附录部分对设备等内容进行了说明。

其中，配电专业分为架空线路、配电设备、计量装置及其他设备，由福建省电力有限公司运维检修部高级工程师姚亮担任编写组长，福州电业局、厦门电业局、莆田电业局、泉州电业局、漳州电业局、龙岩电业局、三明电业局、南平电业局、宁德电业局、福清电力公司、石狮电力公司、晋江电力公司、南安电力公司、长乐电力公司等单位的专家参与编写工作。输变电专业分为开关类、线圈类和架空线路及电缆，由福建省电力有限公司运维检修部高级工程师林平担任编写组长，福建省电力科学研究院、检修分公司、福州电业局、厦门电业局、莆田电业局、泉州电业局、漳州电业局、龙岩电业局、三明电业局等单位的专家参与编写工作。二次专业分为继电保护、综合自动化、直流系统和电力通信，由福建省电力有限公司调度控制中心高级工程师宋福海、科技信通部高级工程师连纪文担任编写组长，福建省电力科学研究院、检修分公司、信息通信分公司、福州电业局、厦门电业局、莆田电业局、泉州电业局、龙岩电业局、三明电业局、南平电业局等单位的专家参与编写工作。

本册由厦门电业局严有祥担任编写组长，三明电业局沈明松、李春、厦门电业局叶色亮、福州电业局王全兴、泉州电业局吴志成等编写；福建省电力有限公司运维检修部吴虹主审，福建省电力有限公司运维检修部林力辉、漳州电业局李郭然、厦门电业局胡志猛、吴增辉、福建省电力科学研究院李强等参审。

本教材在编写、审定过程中得到了福建省电力有限公司有关单位领导和专家的大力支持和帮助，在此一并感谢。同时，也感谢中国电力出版社的大力支持。

由于编者能力所限及编写时间仓促，难免存在疏漏之处，恳请各位专家和读者提出宝贵意见。

目录

contents

第一部分 标准化作业培训

1 作业描述

根据接地电阻测量的标准化作业指导书的内容，介绍接地电阻测量的工作流程和质量标准要求。通过流程介绍和列表说明，掌握接地电阻测量所需工器具、材料、工作流程、质量标准、作业中的危险点预控、操作步骤、管理要求等内容；了解 35kV 及以上杆塔工频接地电阻值检测、检验杆塔耐反击雷水平，减少线路反击雷害，提高输电线路运行水平。

2 工作流程

接地电阻测量的工作流程如图 1-1 所示。

3 工作质量标准与控制

3.1 引用标准

DL/T 475—2006 《接地装置特性参数测量导则》

DL/T 887—2004 《杆塔工频接地电阻测量》

DL/T 741—2010 《架空输电线路运行规程》

3.2 质量控制

3.2.1 工作质量要求

（1）测量人员要认真、细致按照标准作业指导书对杆塔接地电阻进行测量。对现场发现的接地网故障点，应按类别、内容、所在杆号及发现的时间做好记录。

（2）测量周期要求：杆塔接地电阻测量周期为 5 年，根据运行情况可调整时间，每次雷击故障后的杆塔应进行测试。

（3）对新建、技改大修线路应现场抽查开挖射线长度埋设深度，接地引下线连接处焊缝宽度，防腐措施等。

3.2.2 测量内容与标准

测量内容与标准见表 1-1。

3.2.3 测量过程中故障类别分析

（1）指针不动而且摇柄很轻——电路不通所致；检查电线或与电极的结合处有无开路。接地连板油污未除尽也有此现象。

（2）指针忽左忽右摇摆不定——应检查电路是否时通时断，电线是否漏电，埋极是否可靠，是否若即若离。接地周围杂散电流太大也有此现象。

（3）指针错动，1 挡时指针右摆很快，10 挡时微调盘在各个刻度均向右摆，100 挡时微调盘在各个刻度上指针均不动。可以从以下几个方面追查：电线未连通，电线内部断线。电流极与大地接触电阻过大；经验证明其阻值超过 1000Ω，在高阻率地区甚至阻值刚超过 500Ω，便会产生上述现象。

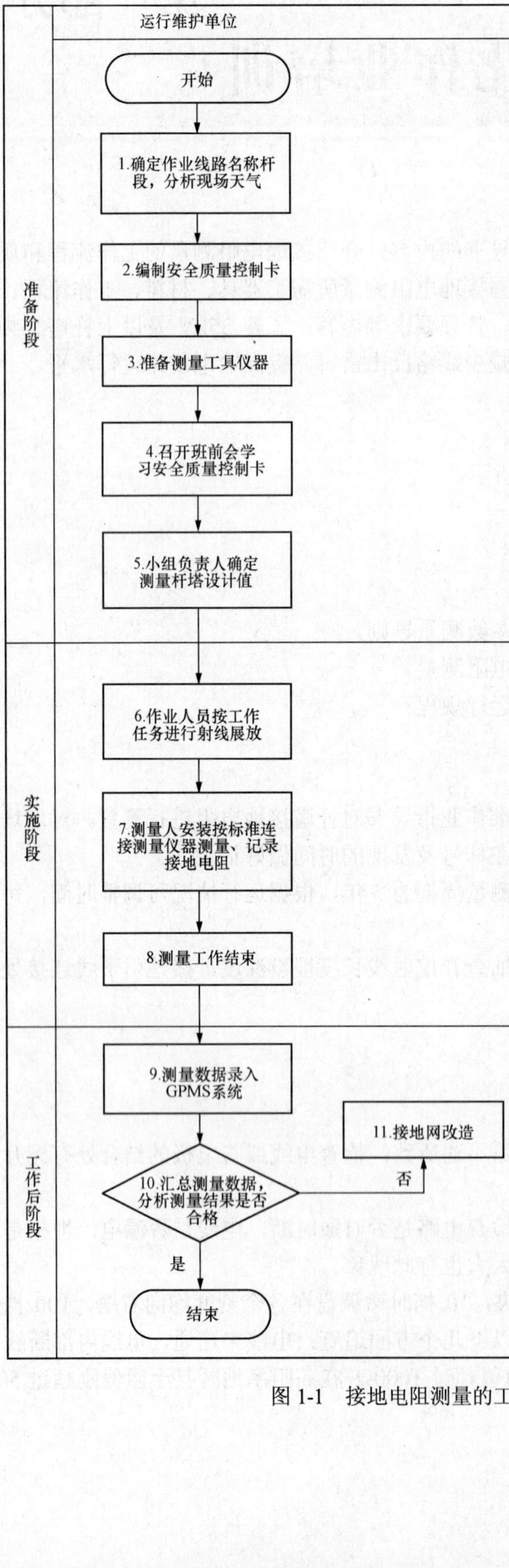

流程描述

流程开始。

1．运行维护单位按所下达工作任务确定作业线路名称与杆端，并分析天气情况不否可进行测量。

2．运行维护单位根据作业内容编制安全质量控制卡并按照规定报批。

3．运行维护单位准备测量工具，应检查仪器是否正常合格

4．小组负责人组织全体工作人员召开班前会交待工作任务、安全措施、注意事项。

5．小组负责人段测量杆塔设计值。

6～8．测量人员按标准作业卡测量接地电阻步骤，应注意接地网与杆塔的连接情况，在测量完成后应连接可靠。

9．运行维护单位在生产信息系统中录入相关测量数据。

10．运行维护单汇总测量数据，并按测量天气结合季节系统，分析每基杆塔数据是否合格，是则结束流程，否则上报接地网改造，在改造后重新进行测量接地电阻情况至合格为止。

11．接地电阻不合格杆段运行维护单位上报项目进行改造。

流程结束

图 1-1　接地电阻测量的工作流程图

表 1-1　测量内容与标准

测量内容	标准及注意事项
接地电阻测量	接地测量应在雷季前干燥季节进行，不得在阴雨天进行
接地电阻测试仪的检查调整	1．接地电阻测试仪合格有效。 2．静态调正指针；动态检查，阻值应为 0。 3．截面不小于 1～1.5mm^2，塑铜线质量好，绝缘层良好无脱落。 4．连接线的检查
布置电流极和电压极	1．电流极的长度为接地体的 4 倍左右，电压极的长度为接地体的 2.5 倍左右。 2．断开接地装置与避雷线接地引下线的连接
断开接地装置与避雷线接地引下线的连接	操作符合要求，注意在拆卸过程中要防止碰伤
布线、连接线、引线、接地棒打入土中、接地电阻测试仪上接线等要求	1．金属布线方向应与线路或地下管道垂直。 2．地线与接地棒接触良好，牢固。 3．电压极与电流极引线应保持 1m 以上的距离。 4．接地棒打入土中的深度不小于接地棒长度的 3/4，并与土壤接触良好。 5．保证接触可靠
操作接地电阻测试仪及读数	1．转数为调 120r/min，并要感觉到速器起作用。 2．要求两次测量读数基本正确。 3．计入季节换算系数，确定实际接地电阻值
恢复避雷线接地引下线，与接地装置连接合格	将接地端上的螺栓确实拧紧，并整理整齐
工作终结	工作结束，检查有无遗留物，小组负责人清点人员、工器具、材料，经检查无误、人员撤离现场

电压极也应当尽量降低接触电阻，尽量保持在 1000Ω 以下，否则也会造成指针反应迟钝。不过其对困难的影响不及电流极。

解决办法：对调 EC 接线，也就是说，将电流极当作被测极，将被测极当成电流极来测读原电流极的接地电阻，若测得阻值大于 500Ω，也应采取以下措施：在电流极处挖一浅坑，浇水后打入电流极，打入多根极棒构成“电流极阻”。

（4）检查电线内部断线的方法——短接 ZC-8 测试仪的 PC 端钮，将被测电线连于此短接端钮与 E 端钮之间，摇动手柄，从测得的阻值中来判断电线的断通情况，如图 1-2 所示。

（5）为了接地电阻测试仪始终处于完好又准确的状态。每年要定期检验一遍。另外在出工前或仪表交接时，也要进行检查，其方法如图 1-3 所示。用被检查绝缘电阻表的读数与表外电阻已知值比较，便知仪表完好情况。

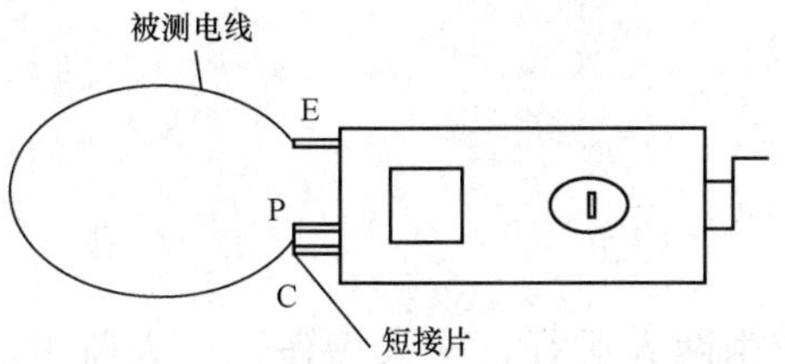

图 1-2　利用 ZC-8 接地电阻测试仪测电线电阻

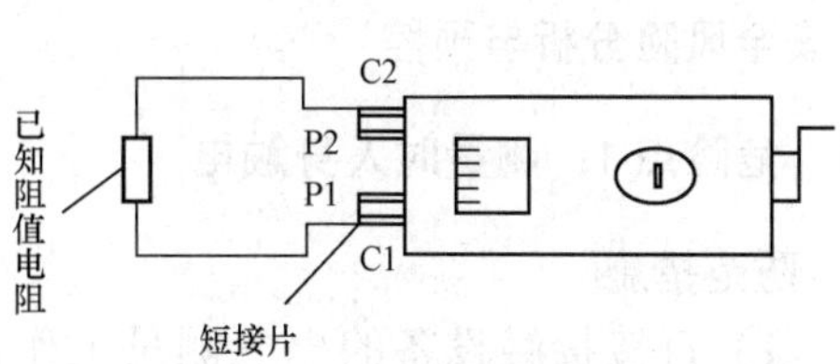

图 1-3　ZC-8 接地电阻测试仪表完好检查图

3.2.4 测量方法

（1）用 ZC-8 接地电阻测试仪测量时接地装置与避雷线应断开连接。

（2）测量图如图 1-4 所示。电极布置图如图 1-5 所示。Q1 一般取接地装置最长射线长度 L 的 4 倍，Q2 取 L 的 2.5 倍。

（3）电流极、电压极应布置与线路或地下金属管道垂直的方向上。

（4）应避免在雨后立即测量接地电阻。

（5）测量用接线的截面一般不应小于 1～1.5mm^2，其电阻不得大于被测接地电阻的 2%～3%。

（6）各种引线应与地绝缘。

（7）仪器的电压极引线与电流极引线间应保持 1m 以上距离，以免自身发生干扰。

（8）应反复测量 3～4 次，取其平均值。

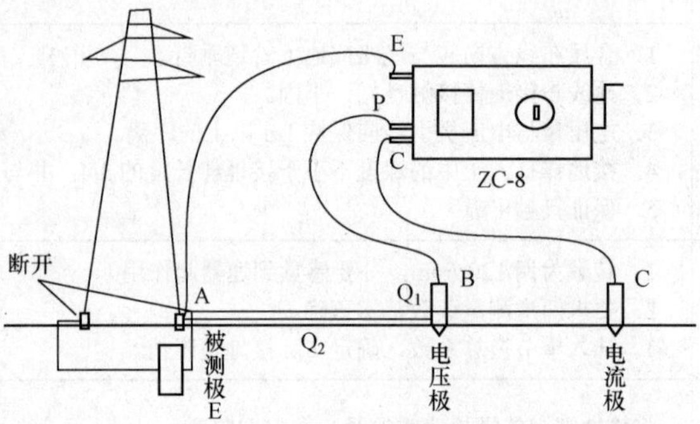

图 1-4　接地电阻测量图

注：1. $Q_1 \geq 2.5L$，$Q_2 \geq 4L$（L 为该塔地网最长射线长度）。

2. 电压极与电流极引线应保持 1m 以上的距离，避免互相干扰，影响测量真实性。

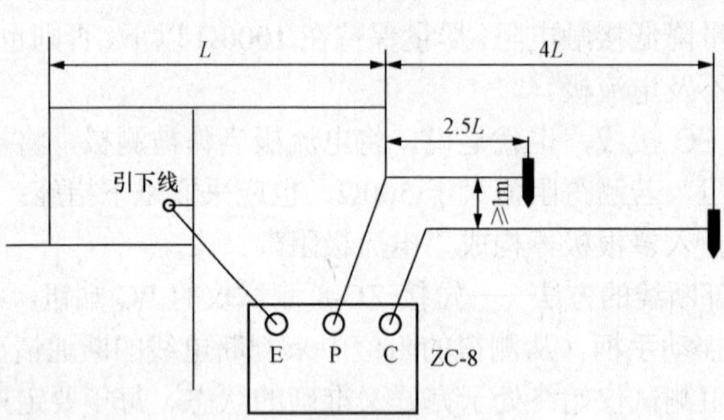

图 1-5　标准接地电阻测量布线法

4 安全风险分析与预控

4.1 危险点 1：测量时人身触电

防范措施

（1）直接接触设备的电气测量工作，至少应由两人进行，一人操作，一人监护。夜间进行测量工作，应有足够的照明。（《国家电网公司电力安全工作规程（线路部分）》第 4.3.1 条）

（2）测量人员应了解测量仪表的性能、使用方法和正确接线，熟悉测量安全措施。（《国家电网公司电力安全工作规程（线路部分）》第 4.3.2 条）

（3）杆塔的接地电阻测量工作，可以在线路和设备带电的情况下进行。解开或恢复杆塔接地引线时，应戴绝缘手套。禁止直接接触与地断开的接地线。（《国家电网公司电力安全工作规程（线路部分）》第 4.3.3 条）

5 管理与记录要求

5.1 测量组织要求

（1）小组负责人在接受到任务后，应明确所测量线路名称、杆塔号，分析工作日天气情况。

（2）小组负责人在组织维护人员进行线路接地电阻测量前，应详细告知测量人员现场具体情况、安全注意事项，明确线路带电。

（3）线路接地电阻测量应在良好的天气下进行，在雷雨季节发生时不应安排人员进行接地测量，如遇特殊情况夜间需安排人员，应携带足够的照明灯具，并由二人进行。

（4）人员在测量过程中，要保持通信通畅，工作合理分工配合。

（5）工作人员在测量结束后，应立即向小组负责人汇报测量结果数据，并将现场所有测量工具收拾完好离开现场。

5.2 测量记录与分析要求

（1）小组负责人在完成测量工作后，应整理汇总测量情况，在线路维护手册中记录现场测量信息，包含“线路名称、杆塔号、地网型式、射线埋深、现场接地电阻值、设计要求电阻值、测量人、测量时间、天气情况等”。

（2）现场测量的杆塔接地电阻值还需与表 1-2 接地装置水平接地体的季节系数进行换算。

表 1-2 水平接地体的季节系数表

杆塔接地射线埋深（m）	季节系数 ψ
0.5	1.4～1.8
0.8～1.0	1.25～1.45

注 测定接地装置电阻时，如土壤较干燥时季节系数取较小值，土壤较潮湿时季节系数取较大值。

（3）GPMS 系统运行记录填写测量数据、结果是否合格。

（4）班组技术人员应对不合格接地电阻进行初步分析，上报运行专责分析结果，由运行专责提出整改措施方案。

6 作业案例

以 220kV 三玉Ⅰ Ⅱ路 66 号塔受雷击引起跳闸，组织人员现场接地电阻测量。

6.1 作业前准备工作

（1）发现 220kV 三玉Ⅰ Ⅱ路 66 号塔为雷击故障杆塔后，送电四班班长陈×为此次工作小组负责人分析现场地形宽阔、工作日天气晴朗，工作班成员黄×、洪×、陈×共三人，准备派工单。

（2）陈×查 66 号塔接地装置图，该塔电阻设计值为 20Ω，接地型式为 8×60，测量工器具需电压极线架长度大于 150m、电流极线架长度大于 240m，准备相关测量工器具，填写接地电阻测量标准化作业指导书。

（3）负责人陈×召开班前会组织班员学习测量指导书，明确工作任务、安全措施及注意事项。

6.2 测量过程

（1）抵达测量现场负责人进行人员分工，陈×负责全过程测量的监督工作，黄×负责接地电阻数据测量、洪×负责电流极棒、陈×负责电压极棒，在明确各自工作后开始测量。

（2）测量过程中三名工作人员利用对讲机进行沟通配合，严格按照作业指导书测量、记录数据。

（3）黄×使用 ZC-8 电阻测量仪器对 66 号塔四个塔腿反复测量 3~4 次，取每基塔腿的平均值，为 A、C 腿 22Ω，B、D 腿 23Ω。

6.3 总体评价

（1）负责人召开班后会，汇总分析此次测量结果，现场实际测量值 22Ω，大于设计要求值不合格。

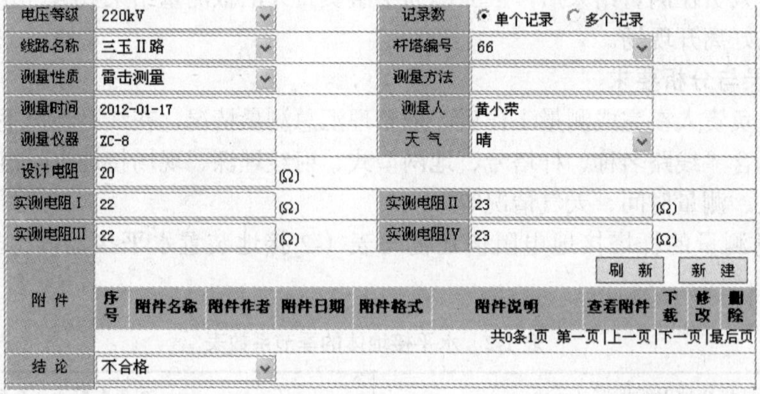

电压等级	220kV	记录数	单个记录 多个记录
线路名称	三玉Ⅱ路	杆塔编号	66
测量性质	雷击测量	测量方法	
测量时间	2012-01-17	测量人	黄小荣
测量仪器	ZC-8	天 气	晴
设计电阻	20 (Ω)		
实测电阻Ⅰ	22 (Ω)	实测电阻Ⅱ	23 (Ω)
实测电阻Ⅲ	22 (Ω)	实测电阻Ⅳ	23 (Ω)
附 件	刷 新 新 建 序号 附件名称 附件作者 附件日期 附件格式 附件说明 查看附件 下载 修改 删除 共0条1页 第一页 |上一页 |下一页 |最后页		
结 论	不合格		

（2）将测量结果录入 GPMS 系统接地电阻测量运行记录中，结论不合格，申请纳入地网改造。

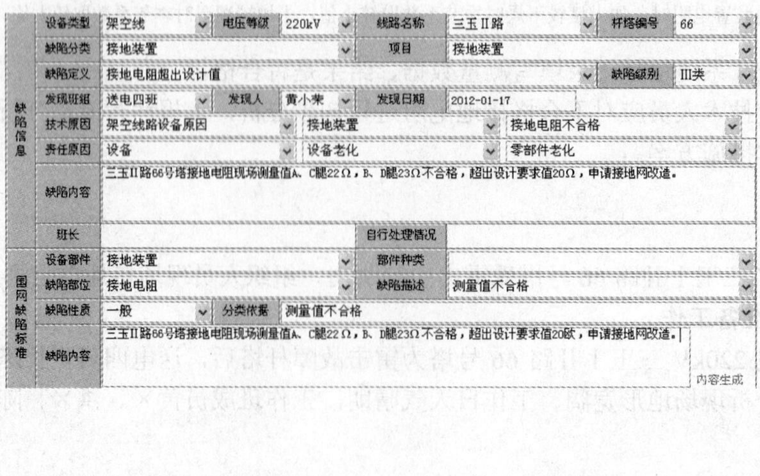

缺陷信息	设备类型	架空线	电压等级	220kV	线路名称	三玉Ⅱ路	杆塔编号 66
	缺陷分类	接地装置			项目	接地装置	
	缺陷定义	接地电阻超出设计值					缺陷级别 Ⅲ类
	发现班组	送电四班	发现人	黄小荣	发现日期	2012-01-17	
	技术原因	架空线路设备原因		接地装置		接地电阻不合格	
	责任原因	设备		设备老化		零部件老化	
	缺陷内容	三玉Ⅱ路66号塔接地电阻现场测量值A、C腿22Ω，B、D腿23Ω不合格，超出设计要求值20Ω，申请接地网改造。					
	班长				自行处理情况		
国网缺陷标准	设备部件	接地装置			部件种类		
	缺陷部位	接地电阻			缺陷描述	测量值不合格	
	缺陷性质	一般	分类依据	测量值不合格			
	缺陷内容	三玉Ⅱ路66号塔接地电阻现场测量值A、C腿22Ω，B、D腿23Ω不合格，超出设计要求值20欧，申请接地网改造。					内容生成

6.4 作业后小结

（1）召开班后会。

（2）将班前会和班后会录音上传至 GPMS 系统，并做好登记。

（3）将本次作业过程记录录入到 GPMS 系统，进行评估和终结作业流程。

思考与练习

1．接地电阻测量有何要求？画出测量时的电流极、电压极接线图。

2．如何检查接地电阻测试仪的好坏？画出检查时的接线图。

第二部分 标准化作业文本

1 标准化作业指导书

35～220kV××Ⅱ路线路接地电阻测量作业指导书

编制：________ ______年______月____日

审核：________ ______年______月____日

批准：________ ______年______月____日

工作负责人：

作业日期： 年 月 日 时至 年 月 日 时

××××公司

1 范围

本指导书适于35～220kV输电线路接地电阻测量作业。

2 引用文件

DL/T 475—2006 《接地装置特性参数测量导则》
DL/T 887—2004 《杆塔工频接地电阻测量》
DL/T 741—2010 《架空输电线路运行规程》
国家电网安监〔2009〕664号 《国家电网公司电力安全工作规程（线路部分）》
国家电网生〔2006〕935号 《架空输电线路管理规范》
国家电网公司 《110（66）kV～500kV架空输电线路运行规范》

3 工作环境及条件

野外作业；遇有雷、雨天气，不得进行作业。

4 作业前准备

4.1 准备工作安排

序号	内 容	标 准	责任人	备注
1	了解现场情况	查阅作业设备的有关图纸资料，了解各杆塔的路线		
2	了解现场气象条件	出工前了解当日气象情况		
3	工具材料准备	按照4.3表中所列准备工具材料		
4	组织现场作业人员学习作业指导书	掌握整个操作程序，理解作业过程的危险点及预控措施		

4.2 人员要求

序号	内 容	责任人	备注
1	作业人员必须持有效上岗证		
2	经《电业安全工作规程》考试合格		
3	作业人员周期身体检查合格、作业前精神状态良好		

4.3 检测仪器准备

名 称	型号/规格	单位	数量	备 注
个人用具		套	1	扳手、常规工具等
工具袋		只	1	
铁榔头	1.5磅	把	2	
巡视记录本、笔		本	1	

表（续）

名　称	型号/规格	单位	数量	备　注
接地网设计图		张	1	
接地电阻测试仪	ZC-8	台	1	
接地棒	电压极	根	1	
接地棒	电流极	根	1	
测量紧放线架（附带连接线）	电压极（长度 2.5L）	捆	1	L 为测试杆塔接地装置最大射线长度
测量紧放线架（附带连接线）	电流极（长度 4L）	捆	1	L 为测试杆塔接地装置最大射线长度
绝缘手套		副	1	
卷尺	3m	把	1	
对讲机		台	3	

4.4　危险点分析及预控措施

序号	危险点分析	预　控　措　施
1	触电伤害	1．作业人员在拆除接地线时，可能会感应电伤害，在拆除接地引下线时，必须戴经周期试验合格的绝缘手套。 2．测量仪器在测量时，会产生一次高电压，可能会造成电击伤，在测量接地电阻时，应确认连接已完成，作业人员未接触各连接部位接头后，方可打开仪器进行测量
2	身体伤害	1．如果接地引下线螺栓锁得太紧，拆除时作业人员的手可能受到伤害，发现锁得太紧时，应当使用加长的螺栓套筒进行解锁，不得使用活动扳手进行拆解。 2．打入接地棒时，手可能会受到铁锤伤害，在钉接地棒时，手握铁锤不得戴手套。铁锤前方不得有人逗留。钉入前，可先将接地棒插入土中固定。避免一手扶接地棒，一手拿铁锤击打接地棒。 3．与沿线村民关系处理不当，工作过程中误丢入暗洞，被野猪夹、毛竹、蜂蛇等外界因素伤害
3	仪器损坏	仪器在运输过程中，应严格遵守相关仪器的运输规定。在使用时，应严格按说明书操作仪器

4.5　其他安全注意事项及控制措施

序号	内　　容
1	拆除接地引下线时，活动扳手应调整合适，防止扳手滑脱接地引下线螺栓
2	展放接地棒引下线，应避开草丛，小树木；必要时，先用树枝在行进前方敲打。探明路况

5　作业程序

5.1　作业内容及标准

序号	作业内容	作业工序及标准	安全措施	责任人签字
1	现场准备工作	1．工作负责人核对现场设备的名称和编号。 2．全体人员配戴好个人安全用具，工作负责人交待安全注意事项开始监护		

表（续）

<table>
<tr><th>序号</th><th>作业内容</th><th>作业工序及标准</th><th>安全措施</th><th>责任人签字</th></tr>
<tr><td>2</td><td>拆除接地引下线，安装仪器</td><td>1．仪器放在保护帽或地面，尽量放平。
2．拆除塔腿接地引下线，准备测量的引下线不需拆除。（留下一条接地引下线用于测量）。
3．按接地电阻测量仪所示接线方式，进行接线</td><td>1．作业人员在拆除接地引下线时，必须戴经周期试验合格的绝缘手套。
2．拆除接地引下线时，活动扳手应调整合适，防止扳手滑脱接地引下线螺栓</td><td></td></tr>
<tr><td>3</td><td>展放接地极引线</td><td>1．根据地形，沿线路的垂直方向进行放线，不得顺线路方向放线。
2．接地极引线一条展放 200m，一条展放 150m，两条接地引线的接地极应尽可能拉开距离，如地形允许，应向线路两侧各自展放。
3．钉下接地极。接好引线，人员放手，示意可测量</td><td rowspan="2">1．展放接地棒引下线，应避开草丛，小树木。必要时，先用树枝在行进前方敲打，探明路况。
2．钉接地棒时，手握铁锤不得戴手套。铁锤前方不得有人逗留。钉入前，可先将接地棒插入土中固定。避免一手扶接地棒，一手拿铁锤击打接地棒。
3．禁止人体未离开引线，启动测量仪器</td><td></td></tr>
<tr><td>4</td><td>测量接地电阻</td><td>1．接好测量仪器接线（补偿法）。
2．转对摇杆，转数为 120r/min，记录塔腿号，接地电阻数值。
3．换另一塔腿，按上述方式测量另外三腿接地电阻</td><td></td></tr>
</table>

5.2 竣工

序号	内容	负责人员签字
1	工作负责人全面检查工作完成情况，清理现场工具，检查杆上有无遗留物，无误后撤离现场，做到人走场清	
2	开班后会总结当日工作，做好工作记录及 GPMS 系统记录。将班前班后会录音上传	

5.3 检查结论

序号	项目	内容	负责人员签字
1	检修记录		
2	检修结论		
3	验收结论		
4	存在问题及处理意见		

5.4 指导书执行情况评估

<table>
<tr><td rowspan="4">评估内容</td><td rowspan="2">符合性</td><td>优</td><td></td><td>可操作项</td><td></td></tr>
<tr><td>良</td><td></td><td>不可操作项</td><td></td></tr>
<tr><td rowspan="2">可操作性</td><td>优</td><td></td><td>修改项</td><td></td></tr>
<tr><td>良</td><td></td><td>遗漏项</td><td></td></tr>
<tr><td>存在问题</td><td colspan="5"></td></tr>
<tr><td>改进意见</td><td colspan="5"></td></tr>
</table>

6 附录

接地电阻测量记录表

线路名称	杆塔号	时间	A 腿	B 腿	C 腿	D 腿	测量人	天气	备注

2 安全质量控制卡

编号：××××××

班组作业安全质量控制卡

编制：×××　　审批：×××

作业名称：××线路接地电阻测量　　作业性质：不停电作业

作业班组：××××　　总工作负责人：×××

工作票号：××××　工作班成员：×××、×××

计划作业时间：__年__月__日__时__分至__年__月__日__时__分

1 工器具、材料、图纸资料准备

序号	名　　称	单位	数量	确认
1	个人用具	套	1	
2	工具袋	只	1	
3	铁榔头	把	2	
4	巡视记录本、笔	本	1	
5	接地网设计图	张	1	
6	接地电阻测试仪	台	1	
7	接地棒	根	2	
8	测量紧放线架（附带连接线）	捆	2	
9	绝缘手套	副	1	
10	卷尺	把	1	
11	对讲机	台	3	

2 任务分解

序号	班组	作　业　任　务	分工作负责人	开始时间	结束时间
1				日　时　分	日　时　分
2				日　时　分	日　时　分

3 危险点分析及安全控制措施

序号	危险点分析	安全控制措施	确认
1	触电伤害	1．作业人员在拆除接地线时，可能会感应电伤害，在拆除接地引下线时，必须戴经周期试验合格的绝缘手套。 2．测量仪器在测量时，会产生一次高电压，可能会造成电击伤，在测量接地电阻时，应确认连接已完成，作业人员未接触各连接部位接头后，方可打开仪器进行测量	

表（续）

序号	危险点分析	安全控制措施	确认
2	身体伤害	1. 如果接地引下线螺栓锁得太紧，拆除时作业人员的手可能受到伤害，发现锁得太紧时，应当使用加长的螺栓套筒进行解锁，不得使用活动扳手进行拆解。 2. 打入接地棒时，手可能会受到铁锤伤害，在钉接地棒时，手握铁锤不得戴手套。铁锤前方不得有人逗留。钉入前，可先将接地棒插入土中固定。避免一手扶接地棒，一手拿铁锤击打接地棒	
3	仪器损坏	仪器在运输过程中，应严格遵守相关仪器的运输规定。在使用时，应严格按说明书操作仪器	

4 其他班组（或专业）间配合或交叉作业危险因素

序号	相关班组	危险点分析	安全控制措施	确认

5 措施确认

我已知晓上述工作内容、地点、人员分工、危险因素及防范措施，精神状态良好。

确认签字：

思考与练习答案

1．答：（1）用 ZC-8 接地电阻测试仪测量时接地装置与避雷线应断开连接。

（2）测量图见图 1。电极布置见图 2，Q_1 一般取接地装置最长射线长度 L 的 4 倍，Q_2 取 L2.5 倍。

（3）电流极、电压极应布置与线路或地下金属管道垂直的方向上。

（4）应避免在雨后立即测量接地电阻。

（5）测量用接线的截面一般不应小于 1～1.5mm^2，其电阻不得大于被测接地电阻的 2%～3%。

（6）各种引线应与地绝缘。

（7）仪器的电压极引线与电流极引线间应保持 1m 以上距离，以免自身发生干扰。

（8）应反复测量 3～4 次，取其平均值。

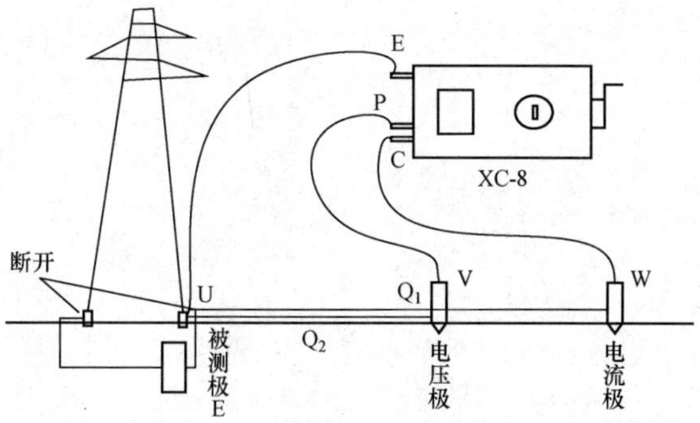

图 1　接地电阻测量图

注：1．$Q_1 \geqslant 2.5L$，$Q_2 \geqslant 4L$（L 为该塔地网最长射线长度）。

2．电压极与电流极引线应保持 1m 以上的距离，避免互相干扰，影响测量真实性。

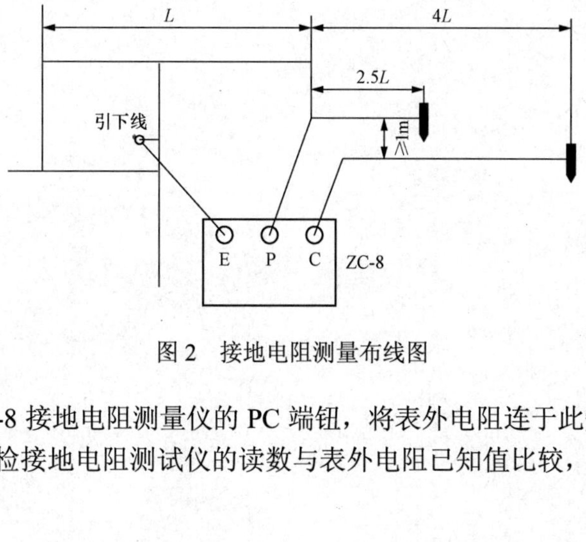

图 2　接地电阻测量布线图

2．答：短接 ZC-8 接地电阻测量仪的 PC 端钮，将表外电阻连于此短接端钮与 E 端钮之间，摇动手柄，用被检接地电阻测试仪的读数与表外电阻已知值比较，便知仪表完好情况。

检查方法如图 3 所示。

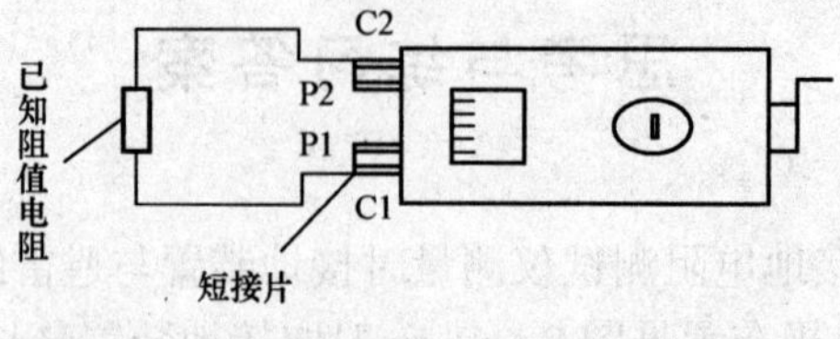

图 3 ZC-8 接地电阻测试仪表完好检查图